NOUVEAU
SYLLABAIRE FRANÇAIS,

OU

NOUVELLE MÉTHODE

POUR APPRENDRE A LIRE LE FRANÇAIS,

PAR

G. N. LANDRÉ.

NOUVEAU SYLLABAIRE FRANÇAIS,

OU

NOUVELLE MÉTHODE

POUR APPRENDRE A LIRE LE FRANÇAIS,

PAR

G. N. LANDRÉ.

AMSTERDAM, chez
J. VAN DER HEY.
1813.

AVANT-PROPOS.

Plusieurs personnes m'ayant invité à composer un syllabaire, au moyen duquel on pût enseigner à lire aux enfants, sans les faire épeler auparavant, j'ai cru devoir-me rendre à leurs sollicitations, sans toutefois perdre de vue que le quadrille des enfants & d'autres ouvrages du même genre n'ont pu jusqu'ici empêcher la plupart des maîtres, de faire épeler leurs disciples, avant de les faire lire.

Je ne prétends ni faire l'apologie de cette dernière méthode, ni m'ériger en détracteur de celle qui interdit l'épellation, ni avancer que ces deux méthodes soient également bonnes; car je n'ignore pas que plusieurs maîtres intelligents emploient l'une & l'autre avec succès. Cette dernière considération m'a donc fait composer ce syllabaire dans l'intention de le rendre doublement utile, c'est à dire, afin qu'on puisse en faire usage, soit qu'on veuille faire épeler les enfants, soit qu'on préfère l'autre mode d'instruction. Dans ce dernier cas, il serait assez inutile que je m'étendisse beaucoup sur la manière dont on enseigne à lire, sans faire épeler; elle est connue, & peut-être tout aussi simple que l'autre. On sait assez qu'alors on ne donne pas aux consonnes le nom de bée, cée, dée, ef, gée, ache, *&c, mais que l'écolier les nomme* be, ce, de, fe, ge, he, *en faisant* *sonner très faiblement l'e muet. Dans les consonne composées, sur lesquelles je me suis à dessein un pè étendu, on ne fait pas dire* b, r, a, bra, *mais o fait dire au disciple* bre, a, *en n'appuyant aussi presqu point sur* l'e, *placé après le* br. *Pour peu qu'un disciple ait de l'intelligence, il apprendra, par exemple, presque aussi facilement le son de* phr, *si on le lui fait nommer* fre, *que si on lui fait épeler* pée, ache, erre *Quant aux diphtongues ou voyelles composées, comme* ea *&c., on ne fera pas dire à l'écolier* e, a, u, ô, *mai on lui dira que la figure* eau *a le son d'*ô *&c. On ne l fera pas nommer* se, *le* c *suivi d'*a, o *&* u, *mais il dira* k, a ke, o; ke, u. St *se prononcant* ste, *on enseignera à l'écolie à lire les mots* zest *&* stabilité *de la manière suivante* ze, è, ste; ste, a, bi, li, té.

Comme je n'ai pu me dissimuler que ce petit ouvrage & même les meilleurs livres, dont on se sert pour enseigner à lire aux jeunes gens, ne peuvent qu'être plu ou moins défectueux, vu que la plupart des consonn finales ne se prononcent pas en français, & que plusieur consonnes, voyelles & diphtongues se prononcent diff remment, j'ai tâché de rémédier à ce d.faut, non e donnant des raisons grammaticales de ces disparités, mai en mettant sous les yeux de l'écolier la plupart de mots, dans lesquels il y a des son, qui s'écartent de règles générales de la prononciation.

Je suis bien éloigné de penser que j'aye réussi: cependant j'ose croire que ce petit ouvrage sera de quelqu utilité, et cette conviction me rassure, en quelque manière, sur l'accueil qu'il recevra.

Lettres de l'Alphabet.

A	a	*A*	*a*
B	b	*B*	*b*
C	c	*C*	*c*
D	d	*D*	*d*
E	e	*E*	*e*
F	f	*F*	*f*
G	g	*G*	*g*
H	h	*H*	*h*
I	i	*I*	*i*
J	j	*J*	*j*

K	k	*K*	*k*
L	l	*L*	*l*
M	m	*M*	*m*
N	n	*N*	*n*
O	o	*O*	*o*
P	p	*P*	*p*
Q (qu)	q (qu)	*Q (qu)*	*q (qu)*
R	r	*R*	*r*
S	s	*S*	*s*
T	t	*T*	*t*
U	u	*U*	*u*
V	v	*V*	*v*
X	x	*X*	*x*
Y	y	*Y*	*y*
Z	z	*Z*	*z*

Voyelles

a e i o u y.

ba	be	bi	bo	bu	by
ca	—	—	co	cu	—
—	ce	ci	—	—	cy
ça	—	—	ço	çu	—
da	de	di	do	du	dy
fa	fe	fi	fo	fu	fy
ga	—	—	go	gu	—
—	ge	gi	—	—	gy
ha	he	hi	ho	hu	hy
ja	je	ji	jo	ju	jy
la	le	li	lo	lu	ly
ma	me	mi	mo	mu	my
na	ne	ni	no	nu	ny
pa	pe	pi	po	pu	py
qua	que	qui	quo	quu	quy

ra	re	ri	ro	ru	ry
sa	se	si	so	su	sy
ta	te	ti	to	tu	ty
va	ve	vi	vo	vu	—
xa	xe	xi	xo	xu	—
za	ze	zi	zo	zu	zy

E fermé.

bé cé dé fé gé hé jé mé né pé
qué ré sé té vé xé zé.

E ouvert.

bè cè dè fè gè hè jè mè pè què
rè sè tè vè zè.

---

ab	eb	ib	ob	ub	ac	ec	ic	oc	uc
ad	ed	id	od	ud	af	ef	if	of	uf
ag	eg	ig	og	ug	al	el	il	ol	ul
ap	ep	ip	op	up	ar	er	ir	or	ur
as	es	is	os	us	at	et	it	ot	ut.

E moyen.

bel cel del fel fer ger gel mel mer nel ner quel rel sel tel ver.

Voyelles longues.

câ cê cî cô cû, çâ çô çû, gâ gê gî gô gû, quâ quê quî quô quû.

Diphtongues et voyelles composées.

ai (è).

bai cai çai dai fai gai rai.

au (o).

hau jau mau lau nau rau sau.

ei (è).

sei tei vei zei bei cei dei.

ea (a).

gea.

eau.

beau leau meau reau teau geau neau

ée.

pée gée lée rée fée.

eo (o).

geo.

eu.

deu feu geu heur leur meur geur.

ie.

nie pie vie sie tie vie bie.

ié.

pié tié gié nié fié cié mié.

er.

fier hier pier lier mier fer mer.

iel.

niel fiel ciel miel.

ieu.

pieu gieu rieu cieu lieu dieu fieu.

oi.

zoi boi doi foi goi soif toi.

oie.

voie noie soie foie joie roie toie.

ou.

mou nou pour rou sour tou gou.

oue.

roue loue toue voue boue doue goue.

ui.

lui bui cui mui dui fui rui.

ue.

pue sue lue çue nue due gue.

aie.

haie laie maie daie paie raie gaie.

eoi.

geoi.

oient (*ė*).

boient çoient doient foient goient moient.

eoient (*ė*).

geoient.

ueu.

gueu queu gueur.

œu.

cœur sœur mœur vœu.

an.

man san lan ban çan.

en.

jen gen len fen men.

in.

gin fin din rin sin.

ien.

bien tien sien mien rien.

on.

bon don gon hon lon.

eon.

geon.

un.

dun mun nun fun tun.

ain.

bain	gain	rain	tain	lain.

ein.

tein	fein	sein	rein	cein.

oin.

foin	loin	join	goin	moin.

ion.

pion	gon	fion	rion	mion.

uin.

suin	guin	juin	quin.

ouin.

touin	gouin	fouin.

gua	gue	gui	guo.

L'apostrophe marque l'élision d'une voyelle.

qu'eu qu'ei qu'y ç'a ç'en qu'ils
qu'on qu'un qu'in d'en s'en s'y
l'y l'en s'y s'en s'in d'un l'un,
etc.

Consonnes composées.

bl.

blé blai bleu blei blie.

br.

bré brou brin bran brui.

ch.

ché cho chau cheu chin.

cl.

clé clou cleu clou clen.

cr.

cre crai crau crou cron crin.

dr.

dré droi drin dran drou dreu.

fl.

flè flin flan flon flui.

fr.

fre frein fran fraie froi.

gl

glè gloi gleu glou glin.

gn (nj).

gné gnu gnoi gne gneur gnoient.

gr.

grè gra greu grin grouin.

ph.

pho phu pheu phè phai.

pl.

plé plè ple ploi plou plon.

pn.

pneu.

pr.

prin pron prun pran pren.

ps.

laps neps.

rc.

parc porc.

rh.

rha rhe rhi rho rhu.

ſc.

ſca ſco ſcu *ſce* *ſcé* *ſci.*

ſp.

ſpé ſpar.

ſt.

ſta ſté ſti ſto ſtuc.

th.

tha theu thoi thy.

tr.

train trou treu trai trie.

vr.

vrai vri vré vre vro vru.

chr.

chra chré chri chro chru.

phr.

phra phré phri phro phru.

L mouillé.

ail.

rail sail fail gail nail.

eil.

neil creil reil seil veil.

euil.

ſeuil cueil deuil neuil gueil.

ouil.

fouil rouil gouil nouil.

uil.

cuil.

On ne prononce pas les conſonnes qui ſe trouvent à la fin des mots, excepté c, f, l, m, n *et* r.

aux bais bans bond beaux brais bruns dieux choux dais dois deux droit dues drap eaux eux faux foins flux fous fond fait fais gens gueux gains haut jeux long lois les leurs maux mieux mes mois nid pas pied pois poix pons rois rang rond roux ſoit ſeing ſang ſourd tes tous vos vois vit veux boues ſoies joies plaies nues dues haies laies.

Syllabes, dans lesquelles on ne prononce pas les deux consonnes finales.

est	francs	traits
œufs	plombs	aulx
plats	rangs	droits
bœufs	ronds	longs
rats	faits	hauts
cerfs	joncs	poids
bruits	jets	mets
rangs	pouls	toits
nerfs	puits	muids
chefs (*d'œuvre*)	legs	pieds
poings	coups	plaids
romps	coings	seings
temps	fouets	rouets

Les trois consonnes finales sont muettes dans quelques mots.

prompts	vingts	doigts

Syllabes plus composées. Les consonnes, qui ne se prononcent pas, sont imprimées en caractères italiques.

abs	obs	ips	ebs
aps	scor	scal	scré
scri	scri*t*	scri*s*	scro
scru	stuc	stan	xact
mict	fect	rect	tact
talc	oct	at*h*	Set*h*
Rut*h*	glous	brous	calm
elm	colm	cerf	serf
vainc	cinq	apt	ept
svel	phar	phal	phel
phil	phul	phan*t*	phai*s*
phla	phle	phlé	phli

phly	phlo	phleg	phri
phra	phlos	phrag	phlox
phron	phthi	zist	zest
l'est	ouest	ast*h*	gnar*d*
gnan*t*	vran*t*	gran*d*	gnon*s*
gnai*s*	pect	spect	lan*d*
gan*d*	guan*t*	guion*s*	cheur
char*d*	gaz	plain*t*	thra
thre	thri	thro	thyr
fisc	besc	busc	musc
flic*t*	Styx	coul	poul
can*t*	çant	stinc*t*	ryth
rynx	lynx	poil	sain
seing	sain*t*	train*t*	main*t*
naph	ziph	seph	soph
ac*h*	ic*h*	vreu*x*	creu*x*
gneu*x*	breu*x*	bleu*x*	thla
thlé	thlas	ist*h*	est*h*
sphinx	coif	strict	choi*x*

Mots de deux syllabes.

1) On ne prononce pas *nt* à la fin des mots, composés de plusieurs syllabes, comme:

boi-vent	pui-sent	cou-pent
trou-vent	cui-sent	ros-sent
trous-sent	ca-vent	pi-quent
frois-sent	sa-vent	sa-chent
doi-vent	cu-vent	na-gent
mo-quent	lan-cent	va-quent
li-sent	ga-gent	plon-gent
pous-sent	ju-gent	tra-cent
ron-gent	cas-sent	ces-sent

---

2) *ois*, *oit*, *eois*, *eoit*, *uois*, *uoit*, *oient*, *eoient*, *uoient* se prononcent à la fin des mots comme *l'è* ouvert.

rê-vois	char-geois	nar-guois
dou-tois	chan-geois	vo-guois

ro-gnois	fi-geois	li-guois
grat-tois	ju-geois	lé-guois
mar-quois	ran-geois	bri-guois
bat-toit	lo-geoit	nar-guoit
for-çoit	ron-geoit	ré-gnoit
lan-çoit	na-geoit	li-guoit
bai-gnoit	fi-geoit	lé-guoit
ro-gnoit	man-geoit	bri-guoit.

---

bai-gnoient	char-geoient	nar-guoient
soi-gnoient	na-geoient	ro-guoient
cher-choient	ran-geoient	li-guoient
va-quoient	man-geoient	lé-guoient
pous-soient	ju-geoient	bri-guoient
si-gnoient	lo-geoient	dra-guoient.

---

3) *Dans les mots qui sont composés de plus d'une syllabe, on prononce* er, *à la fin des mots, comme* é.

chan-ger	go-ber	mar-quer
plon-ger	ga-ger	bri-guer

si-gner	bai-gner	pla-cer
gê-ner	no-yer	sci-er
lé-guer	vo-guer	li-guer
fê-ler	va-guer	prê-cher
blo-quer	fri-ser	cho-quer
co-cher	bou-cher	meu-nier
dra-pier	gan-tier	lé-ger
al-tier.		

---

4) *L'y*, placé entre deux voyelles. Ce sont deux *i* dont le premier finit une syllabe, et le second en recommence une autre.

payer	*lisez*	pai-ier
loyer		loi-ier
choyer		choi-ier
rayon		rai-ion
ployer		ploi-ier
loyal		loi-ial
payons		pai-ions
voyant		voi-iant
ayant		ai-iant
payant		pai-iant

crayon	*lisez*	crai-ion
payois		pai-iois
broyer		broi-ier
rayer		rai-ier
pays		pai-is.

---

5) On prononce *ez* à la fin des mots, comme *é*.

payez	rayez	croyez
rayez	payez	ayez
soyez	voyez	choyez
broyez	noyez	veil-lez

---

6) Le tréma (¨) se place sur les voyelles, qui ne forment pas une diphtongue avec la voyelle, qui les précède.

na-ïf	Sa-ül	Ca-ïn
Ba-ïf	a-ïeul	pa-ïen
ha-ïr	ga-ïac	gla ïeul

---

7) *ai*, *eai* et *uai*, à la fin des mots, se prononcent comme *é*.

mai	man-geai	cou-pai
j'ai	vo-guai	li-guai
sais	char-geai	lo-geai
sait	ven-geai	gru-geai
cas-sai	ai-mai	sai-gnai

---

8) *L'h* n'a aucun son dans certains mots, comme :

heu-re	hui-le	hu-main
hon-neur	hom-me	hum-ble
hui-tre	ha-bit	heu-re

---

9) *L's*, entre deux voyelles, à la prononciation de *z*, comme dans :

cau-se	frai-se	phra-se
ca-se	plai-se	clo-se
fri-se	ro-se	cri-se

---

cas-sâ ces-sois cui-re ces-se ci-re
cel-le cen-se i-ci con-çu coif-fe
cè-dre cu-re piè-ce sau-ce co-que
pla-ce pla-ça rin-ça ces-sa cos-se.

---

gar-de gé-mir go-go gi-gue gâ-che
â-ge a-gi ger-ce lo-ge gout-te
rou-ge na-gé pla-ge â-gé gor-ge

---

jo-li ju-ra jo-re jo-ta ju-ge
jas-pe ja-se ju re ju-de ja-pa

---

qua-tre qu'el-le quit-te qu'u-ne
qu'i-ci quil-le quel-que quin-te

---

vil-le vo-la Ar-ve va-lu vî-te
ver-te vè-le lè-ve vi-ve ves-se

cé-dé	fé-lé	mi-né	ros-sé	pas-sé
cu-ré	hâ-té	su-cé	le-vé	pè-sé
ro-dé	me-né	cé-dé	ge-lé	pla-cé

grâ-ce	hâ-te	cô-te	gî-te	quê-te
hê-le	gê-ne	â-ge	rô-le	tê-te.

bai-se	cais-se	faî-te	fai-te	dai-ne
traî-ne	fai-re	fai-ne	sai-si	plai-ne.

hau-te	sau-ce	jau-ge	jau-ne
gau-de	gau-le	pau-se	clau-se.

sei-ze	trei-ze	vei-ne	Sei-ne
plei-ne	rei-ne	nei-ge	plei-ge.

lo-gea	na-gea	fi-gea	ju-gea
ga-gea	gru-gea	Geor-ge	geo-le

pô-teau	cô-teau	ra-teau	an-neau

far-deau	ap-peau	lis-teau	ro-seau
mar-teau	beau-té.	gâ-teau	pin-ceau

---

na-gée	é-pée	mi-née	ha-pée	gê-née
lo-gée	ga gée	gê - lée	pe - lée	mê-lée

---

ar-deur	fu-reur	heu-re	meu-re
pleu-re	greu-re	leur-re	pas-teur
seu-le	meu-le.	gran-deur	hor-reur

---

ban-nie	é-pie	rô-tie	pu-nie	gar-nie
her-nie	sai-sie	ves-sie	or-tie	fi nie.

---

pi-tié   al-lié   pié-té.

---

fer-re	ter-re	lier-re	ser-re
en-fer	pier-re		

---

niel-le.

pieu-se.

---

boi-ve	noi-se	toi-le
doi-ve	toi-se	voi-le

---

tu-toie dé-ploie gi-boie.

sé-jour	bour-se	our-se	cour-se
sou-cie	con-tour	au-tour	sour-ce

---

ca-poue	ra-broue	se-coue	dé-voue
Cor-doue			

---

cui-re	lui-se	lui-re	ap-pui
dui-re	nui-se	pui-se	cui-se

---

re-çue	te-nue	pol-lue	te nue
ve-nue	cor-nue	con-nue	bos-suè

---

dé-laie é-gaie ba-laie bou laie.

---

for-çoient don-noient fai-soient por-toient
de-voient pas-soient vo-guoient li-guoient
ri-doient.

---

ga-geoient lo-geoient na-geoient ju-geoient
fi-geoient gru-geoient ran-geoient cher-choient

---

vi-gueur gueu-se lan-gueur li-gueur
gueu-le ri-gueur lon-gueur

---

lan-ce fran-ce plan-te an-ge
lan-gue pan-se dan-se plan-che

---

fen-de len-te ven-te den-se men-te
ten-te ren-te ven-ge sen-te fen-te

---

en-gin ma-tin fre-tin pin-ça lu-tin
fes-tin cré-tin de-vin mâ-tin sa-tin

---

bon-don san-ton pin-çon ra-ton
fron-deur. le-çon fa-çon co-ton

---

plon-geon son-geons ron-geons.

---

pé-tun Au-tun Me-lun Ver-dun
tri-bun im-por-tun jeûn.

---

plain-te crain-te.

---

tein-te cein-dre fein-dre.

---

moin-dre poin-dre.

---

crou-pion scor-pion.

---

suin-té pin-guin. Juin.

---

tin-touin cha-fouin mar-souin sa-gouin.

---

mor-gua li-gue gui-de.

---

chau-de che-min an-che cher-che.

---

glan-de gloi-re.

---

bai-gne tro-gnon sei-gneur tei-gne
mi-gnon ga-gnoient. sai-gnoient Li-gnon

---

gro-gne gron-de greu-re cha-grin.

---

pha-se.

---

scè-ne scor-but scor-pion sci-eur.

---

vrai.

---

chra.

---

phra-se.

---

sé-rail cail-le bé-tail dé-tail.

---

som-meil ré-veil.

---

or-gueil re-cueil san-teuil fau-teuil.

---

fouil-le douil-le mouil-le houil-le.

Les *h* muets sont imprimés en caractères italiques.

pâ - te
mes - se
clor - re
gla - pir
an - ge
flû - te
Bres - se
croi - re
pô - le
cros - se
mor - gue
co - gné
ha - ïr
vo - gua
si - gna
chan - gea
han-ta
do - gue

ré - cif
nar - gue
ven - gea
cu - re
ran - gea
baîl - le
ca - duc
jeu - ne
jo - lie
qùil - le
jou - ir
or - gueil
chan - ger
trem - ble
an - che
ron - geoit
hâ - le
tro - gnon

son - geur
fon - de
lo - ger
fron - deur
brouil - lard
bru - gnon
vo - guent
crain - te
ven - geoit
se - rein
dé - dain
gla - ce
cein - dre
grê - le
joi - gne
lar - guer
dai - gnai
*h*uis - sier

ro - gna	pha - se	cer - tain
cli - gne	mai - son	gros - seur
ge - lée	phra - se	bri - guai
lar - geur	veau - trent	pei - gnent
trin - gle	na - gent	poin - dre
lo - gez	plon - geon	vi - ser
Tro - yen	en - voi	hy - dre
prê - cher	or - gueil	cou - sin
gron - de	sai - gnent	pla - cez
sol - dat	na - geoient	zé - phir
plon - ger	cau - sé	guer - re
Au - tun	on - gle	jar - gon
lon - gueur	splen - deur	jau - geois
fein - te	lo - geois	ver - ge
guin - der	oi - gnon	tei - gnoient
va - gue	pei - gne	guin - dent
*h*er - be	sai - gnoient	gar - çon
veüil - le	gueu - le	cau - sez
flé - au	Me - lun	guer - rier
suin - te	vi - gueur	lo - geant
jau - ger	pei - gnois	zig - zag
ven - geât	loin - tain	no - yer
man - geur	tra - çoient	tri - bun

gru - geur	gru - geant	bri - guer
ven - geoient	lan - guir	gi - got
bro - yer	crain - dre	ber - cail
moin - dre	ju - cher	bai - gne
guin - dois	é - tang	dai - gnez
re - cueil	cal - cul	join - dre
lo - geoient	fau - bourg	bro - yer
tei - gneux	li - guer	ac - cueil
plo - yer	*h*u - meur	car - guent
jau - geant	ba - gue	crai - gnois
pin - guin	dai - gner	ga - geur
guin - doient	li - guer	bai - gner
ri - gueur	chrê - me	ga - gnant
soi - gnoient	guin - der	gueu - ser
jau - geoient	car - guer	per - cer
quel - qu'un	ga-geant	ha - reng
pei - gnant	li - guois	cier - ge
rin - çons	ca - ge	sang - sue
pei - gnoient	ga - gnent	fa - çon
ré - gnons	bai - ser	ac - cès
gru - gent	li - guoient	douil - le
ré - gir	crai - gnant	pa - yeur
ré - gnois	ai - ment	di - gue

re-vient
char-gé
gi-ron
per-çois
fra-yeur
na-ïf
noi-se
li-guiez
char-ge
beau-coup
dou-ce
sou-vient
sain-foin
per-cent
Gan-ge
le-çon
char-gez
poi-gnant
tin-touin
fi-gue
ran-çon
char-geois
gi-sent

per-çoient
coif-fe
ro-gné
ju-choient
bro-yant
suc-cès
ga-gnoit
ga-gné
ca-gneux
bai-gnez.
gui-gnon
bai-sez
boi-sent
crai-gnoient
dî-nent
bai-sent
ga-gnent
gi-soient
al-gue
bro-yoit
guin-dois
sou-tiens
dres-sent

boi-soient
tîn-mes
joi-gnoient
ga-ïac
chi-che
bri-guer
*h*eu-reux
sou-pent
guin-doient
bro-yoient
gi-gue
tin-rent
joi-gnois
ou-ïr
char-geoient
guil-lot
brouil-lez
bril-lez
bai-gnoit
joi-gnez
bri-guoient
ga-gnoient
bai-gnoient

ca - fé
hè - le
pren - nent
fê - té
car - guent
pô - teau
sai - gnois
pè - le
ga - gner
Sa - ül
lai - de
chas - ser
tâ - te
boî-te
plai - se
neu - ve
prê - tre
pois - sent
man - geois
hai - ne
o - deur
lis - sois
bê - te

Sei - ne
lis - sé
for - çant
chan - gez
bais - sent
croi - ser
trui - te
far - deau
for - cez
chan - gea
Suis - se
ju - geois
veu-ve
go - go
gloi - re
brui - ne
creu - se
cha - pe
coif - feur
faî - te
vais - seau
coif - fent
per - çois

clas - se
om - bre
man - geoient
a - vec
gor - ger
for - geois
pail - le
tra - fic
vo - guois
for - ge
gui - dez
cô - te
for - gea
fi-geoit
cui - sent
cas - ser
gor - gea
ja - pe
croû - te
jau - ge
Geor-ge
œu - vre
ca - ble

pas - soient	fou - lent	souil - lent
ce - ci	chau - de	de - çà
ga - gent	as - sez	gueu - le
sou - per	guer - re	fi-geois
ron - geoit	suc - cès	su - ça
chu - te	veil - lent	for - çoient
tra - vail	cer - cueil	na - geur
man - gea	pi - geon	em - ploi
cha - cun	ai - se	con - çois
quoi - que	pru - nier	dé - tail
poi - rier	li - guent	re - cueil
plai - gnent	re - çois	bour - geon
oi - se	pom-mier	sphè - re.

---

a - lè - ne	dé - tes - te
ci - ga - le	om - bra - geois
bri - ga - de	at - tei - gne
bour - ga - de	em - pe - reur
es - sa - yer	ré - veil - le
in - fi - ni	jo - cris - se
com - po - sé	em - por - te

scan - da - le	o - reil - le
scru - pu - leux	in - strui - te
gé - né - reux	mer - veil le
ap - pai - se	pil - la - ge
mé - ta - yer	an - guil - le
pa - trouil - le	am - ba - ge
in - tri - gue	am - bi - gu
bri - guè rent	em - pei - gne
em - pe - ser	dé - gui - se
é - cor - chent	em - mè - ne
é - loi - gne	om - bra - ge
em - prei - gnent	om - bel - le
vi nai - gre	ef feuil - le
em - pail - leur	lo - ge roient
rou - gis - sent	rem - por - te
gre - nouil - le	so - len - nel
mon - ta - gne	*h*u - mi - de
en - ten - te	q*u*es - tu - re
é - tei - gne	re - chi - gnent
cha - fou - in	po - ta - ger
ci - trouil - le	scan - da - leux
ron - gè rent	dé - gout - tent
*h*er - ba - ge	a - lar - guer

fi-gui-er	tei-gnè-rent
in-tri-gant	trom-pet-te
man-ge-roient	tem-pê-te
é-gru-geoir	en-sei-gne
ré-gne-rois	va-drouil-le
glis-sas-sent	ef-feuil-lent
bri-guas-sent	ven-dan-ges
lo-geas-sent	en-ga-ge
man-geail-les	na-geoi-res
ai-gris-sent	vi-dan-ges
a-men-de	rin-ças-sent
cueil-lis-sent	veau-tras-sent
im-por-tun	ré-gis-sent
al-lon-geois	vo-gue-roient
at-tein-te	guin-de-roient
vo-guas-sent	mys-tè-re
quan-ti-té	an-non-cé
pro-fes-se	ven-geas-sent
é-trein-te	man-geoi-re
é-pais-seur	tei-gnis-sent
en-frein-dre	man-geas-sent
ron-geas-sent	ré-gnas-sent
en-ten-dre	ef-feuil-lent

vieil - lis - sent	guin - das - sent
lan - guis - sent	di - va - gue
rin - cè - rent	a - veu - glent
re - vîn - mes	tra - ças - sent
po - è - te	lan - gui - roient
ger - ças - sent	in - sen - sé
li - gna - ge	li - gue - roient
in - ca - gue	keu - reu - se
re - tins - sent	cin - glè - rent
li - guas - sent	chan - gè - rent
guil - le - mets	bai - sas - sent
bou - gi - er	li - guas - sions
é - ner - gie	bai - sè - rent
crai - gnis - sent	dé - pei - gne
ba - ga - ge	po - è - sie
bri - guas - sent	ja - lou - sie
bro - yè - rent	re - gim - ber
é - ven - tail	dé - dai - gne
con - çoi - vent	ba - ra - gouin
é - loi - gnent	é - ga - rent
suc - ces - seur	plai - gni - rent
ver - go - gne	é - ga - rois
né - gli - gent	tron - çon - ner

per - ças - sent	sac - ca - de
é - ga - roient	sub - ju - guer
a - ga - cer	hi - deu - se
rou - geâ - tre	é - la - gua
con - ju - guiez	né - gli - giez
ci - go - gne	zi - za - nie
a - ga - cent	sub - ju - guez
ob - scè - ne	na - vi - guions
a - ga - çoient	phos - phore
con - ju - guoient	rou - geo - le
né - gli - geoient	con - ju - guions
sub - ju - guoient	ren - gor - geoient
jau - gea ge	ag - gra - vent
car - guè - rent	con - trai - gnez

sphé - ri - que

---

ac - ca - pa - reur	bar - gui - gna - ge
é - go - ïs - me	é gra - ti - gner
en - or - gueil - lir	chro - ma - ti - que
dé - gin - gan - dé	é - go - is - te

ac-cé-lé-rer
é-pou-van-tail
gi-gan-tes-que
*h*i-ron-del-le
*h*é-ro-ïs-me
in-tri-guè-rent
a-ge-nouil-ler
pro-vi-den-ce
châ-tai-gni-er
go-gue-nar-der
al-lé-guas-siez
en-ga-ge-ment
bien-sé-an-ce
ma-gna-ni-me
al-ber-gea-ge
pa-ra-phra-se
*h*é-ma-go-gue
pa-ra-gra-phe
phlo-gis-ti-que
dé-gout-tas-sent
ven-ge-res-se
*h*o-mo-gè-ne
phi-lan-tro-pe

dé-guer-pis-sent
dé-gui-sâ-mes
ac-ci-den-tel
vrai-sem-blan-ce
é-tin-cel-le
ag-gré-gè-rent
dé-ma-go-gue
ag-gré-geas-sent
é-pui-sâ-mes
lo-ca-ci-té
a-rai-gné-e
ou-tra-geas-sent
cir-con-scri-re
gar-gouil-la-de
a-pa-go-gie
bé-gui-na-ge
ef-feuil-las-sent
é-loi-gnas-seut
en-frei-gnis-sent
é-ner-gi-que
ja-nis-sai-re
al-lon-geas-sent
dom-ma-gea-ble

phi - lo - lo - gue	re - cueil - le - roient
sy - na - go - gue	ga - ran - ça - ge
go - gue - nar - der	re - cueil - lis - sent
né - gli - geas - sent	a - ga - ças - sent
*h*y - dra - go - gue	*h*or - lo - ge - rie
dé - dai - gneu - se	é - bour - geon - nent
cy - lin - dri - que	pé - da - go - gue
hé - ma - go - gue	ta - pa - geas - sent
vi - gi - lan - ce	ef - fi - ca - ce
gar - ga - ri - ser	ob - scé - ni - té
vac - ci - nas - sent	flac - ci - di - té
jar - gon - nè - rent	scru - pu - leu - se
scru - pu - leu - se	in - ca - guè - rent
syl - lo - gis - me	go - gue - nar - dent
co - ïn - ci - dent	dé - ga - geas - sent
lan - guis - san - te	cy - no - glos - se
in - struc - ti - ve	dé - gor - geas - sent
pré - co - ci - té	vis - cé - ra - le
mys - ta - go - gue	é - phé - mè - re
gueu - sail - lè - rent	œil - le - ton - ner
gar - gouil - las - sent	spa - gy - ri - que
grin - gue - nau - der	en - ga - geas - sent
soup - çon - nas - sent	per - spi - cui - té

re - ga . gnas - sions
dé - gé - nè - rent
dé - joi - gnis - sent
sphé - ri - ci - té
ex - pri - mè - rent
vis - co - si - té
né - gli - gen - ce
sub - ju - guas - sent

con - cier - ge - rie
dé - ca - lo - gue
im - pré - gnè - rent
gal - li cis - me
gym - nas - ti - que
gar - go - ta - ge
hé - mi - sphè - re
ren - gor - geas - sent

---

an - thro - po - lo - gie
an - thro - po - pha - ge
en - or - gueil - lis - sent
mé - ta - mor - pho - sent
en - cy - clo pé - die
ef - fi - ca - ci - té
ma ré - ca geu - se
to - po - gra - phi que
ex - tra - va - guè - rent
dé - cou - ra - gè rent
ré - in - té - gras - sent

on - dé - ca - go - ne
gé - o - gra - phi - que
ac - cé - lé - ras - sent
i - dé - o - lo - gie
vé - gé - ta - ti - ve
le - xi - co - gra - phie
dé - sa - gen - cé - rent
é - q*u*i - ta - ti on
or - to - gra - phi - que
in - sou - ci - an ce
pa - né - gy - ri - que

ef - fer - ves - cen - ce
a - na - go - gi - que
*h*y - dro - gra - phi - que
i - né - fa - ça - ble
my - tho - lo - gi - que
per - spi - ca - ci - té
go - gue - nar - das - sent
dé - phlo - gis - ti - quer
ex - clu - si - ve - ment
in - con - sé - quen - ce
ges - ti - cu - lè - rent
dé - ma - go - gi - que
gy - né - ci - ai - re
bi - bli - o - gra - phie
ges - ti - cu - le - roient

*h*el - min - tho - lo - gie
gès - ti - cu - las - sent
ré - mi - nis - cen - ce
oph - tal - mo - gra - phie
gé - o - lo - gi - que
in - dis - tinc - te - ment
scru - pu - leu - se - ment
in - ex - tin - gui - ble
o - li - gar - chi - que
in - tu - mes - cen - ce
pé - da - go - gi - que
qua - li - fi - as - sent
ar - ti - cu - lè - rent
a - do - les - cen - ce
an - thro - mor - phi - te

---

mu - ci - la - gi - neu - se
phi - lo - so - phi - que - ment
mi - né - ra - lo - gi - que

gy - né - co - cra - ti - que
cal - ci - na - bi - li - té
an - thro - po - lo - gi - que
ré - fran - gi - bi - li - té
ré - con - ci - li - a - ble
sub - stan - ci - el - le - ment
em - phi - té - o - ti - que
in - dis - ci - pli - na - ble
si - gni - fi - ca - ti - ve
sep - tu - a - gé - nai - re
mi - ta - mor - pho - sas - sent
bi - bli - o - gra - phi - que
en - cy - clo - pé - di - que
in - in - tel - li - gi - ble
ho - mo - gé - né - i - té
é - ty - mo - lo - gis - te
im - pec - ca - bi - li - té
or - ni - tho - lo - gis - te
ma - jes - tu - eu - se - ment
gé - né - a - lo - gi - que
sé - lé - no - gra - phi - que
i - co - no - gra - phi - que
pré - somp - tu - eu - se - ment

am - phi - lo - lo - gi - que
ré - gé - né - ra - tri - ce
hé - mi - sphé - ro - ï - de
thé - o - lo - gi - que - ment
mu - ci - la - gi - neu - se
pri - mo - gé - ni - tu - re
an - ti - spas - mo - di - que

---

ré - or - ga - ni - sa - ti - on
am - phi - bo - lo - gi - que - ment
con - sci - en - ci - eu - se - ment
in - cor - ri - gi - bi - li - té
hé - té - ro - gé - né - i - té
in - tel - li - gi - bi - li - té
in - com - pré - hen - si - bi - li - té
in - ex - tin - gni - bi - li - té
ir - ré - con - ci - li - a - ble - ment

Il y a plusieurs mots dans lesquels les consonnes finales se prononcent, comme :

bourg	Mars	Christ
cep	as	rapt
cap	lis (*fleur*)	ouest
fer	vis (*tarière*)	brut
mer	laps	tact
fier	dot	zist
cens	fat	zest
est (*orient*)		

a - mer	blo - cus	Jo - nas
ha - nap	Cé - rès	ré - bus
fra - ter	gra - tis	si - nus
ju - lep	Vé - nus	in - tact
can - cer	vi - rus	con - tact
ja - lap	bi - bus	in - dult

hi - ver	Pal - las	cor - rect
'hi - er	bo - lus	phé - nix
ca - lus	Rho - dez	pré - fix
i - ris	Clo - vis	re - laps
ma - ïs	mo - mus	in - dex
Phé - bus	o - piat	bo - rax
ar - gus	Thé - mis	sto - rax
a - nus	mé - tis	A - gnès

---

dé - fi - cit	pros - pec - tus
tour - ne - vis	as - per - gès

oc - ci - put

Liste de plusieurs mots à la fin desquels *c*, *f*, *l*, *r*, ne se prononcent pas :

nerfs	cric	œufs
bœufs	marc	broc
clerc	clef	cerf

---

ta - bac	é - checs	mon - sieur
ac - croc	nom - bril	fu - sil
che - nil	sour - cil	cou - til
re - spect	ou - til	gen - til

---

ar - se - nic	es - to - mac	al - ma - nac

Il y a des mots dans lesquels *oi*, *ois*, *oit*, *eois* et *oient* se prononcent à pleine bouche, à peu près comme *oua*, *ou oa* :

cha - mois	par - fois	Lié - geois
con - çois	gré - geois	Da - nois
dé - çois	pa - tois	Sué - dois
re - çois	pu - tois	Ar - bois
cour tois	re - vois	pour - voient
a - bois	a - droit	dé - ploient

sour - nois	dé - troit	em - ploient
guin - gois	en - droit	re - voient
bour - geois	ex - ploit	tour-nois (*joûte*)

---

vil - la - geois	dis - cour - tois	ta - pi - nois
quel - que - fois	tou - te - fois	sou - ri - quois
Ba - va - rois	au - tre - fois	Fer - ra - rois

L'ai se prononce souvent comme *é*, surtout à la fin des mots :

sais	j'ai	sait	Mai

---

fe - rai	met-trai	cour-rai
fon-dai	cou-pai	le-vai
ser-rai	lis-sai	sou-pai
ga-geai	lo-geai	ven-geai
for-çai	lan-çai	per-çai
pin - çai	gru - geai	sin - geai

---

for-ce-rai	cal-cu-lai	plon-ge-rai
ap-pli-quai	dî-ne-rai	sou-pe-rai
mê-le-rai	chan-ge-rai	dé-cou pai

Il y a beaucoup de mots, dans lesquels *ti* a le son de *ci*, tels que :

na-ti-on	ra-ti-on	ac-ti-on
por-ti-on	mo-ti-on	lo-ti-on
fric-ti-on	sanc-ti-on	i-nep-tie
fac-ti-eux	i-ner-tie	bal-bu-tie
mi-nu-tie	fa-cé-tie	pro-phé-tie
pri-ma-tie	Gra-ti-en	no-ti-on

---

mu-ni-ti-on	pré-dic-ti-on
pro-por-ti-on	pré-cau-ti-on

po-si-ti-on	gra da-ti-on
fa-cé-ti-eux	bal-bu-ti-er
sa-ti-è-té	con-ten-ti-eux
sé-di-ti-eux	mi-nu-ti-eux
bal-bu-ti-ent	es-sen-ti-el
im-pé-ri-tie	ar-gu-ti-ent

---

des-ti-na-ti-on	ponc-tu-a-ti-on
in-cli-na-ti-on	in-ter-rup-ti-on
ré-cla-ma-ti-on	ma-lé-dic-ti-on

---

com-mu-ni-ca-ti-on
ag-glu-ti-na-ti-on
com-mi-sé-ra-ti-on
pré-va-ri-ca-ti-on

Ch se prononce souvent comme *k*.

chœur

é-cho	Mi-chel (*-Ange*)	A-chab
Bac-chus	Chal-dée	cho-rus
	chis-te	

Cha-ryb-de	Ché-ru-bin
chi-ra-gre	Chi-é-ti
Cha-na-an	chy-mo-se
Ar-chan-ge	Ma-chia-vel
cho-rè-ge	Za-cha-rie
Chu-sa-ï	or-ches-tre
ar-chon-te	bac-chan-te
A-rach-né	A-cha-ïe
cho-ris-te	chon-dril-le

---

chi-ro-man-cie ar-ché-ty-pe
A-ché-lo-üs eu-cha-ris-tie
A-na-char-sis cher-so-nè-se
bac-cha-na-le

---

chi-ro-gra-phai-re ca-té-chu-mè-ne

Dans *chl* et *chr* le *c* a toujours le son du *k*.

Christ chrie

Chlo-re Chlo-ris chrê-me
chré-tien Cen-chrée

---

chla-mi-de chlo-ro-se chro-ni-que

---

chro - ma - ti - que chry - so - li - te
chry - sa - li - de chris - tia - nis - me

On prononce *ien* comme *ian* dans plusieurs mots, tels que :

sci - en - ce ré - ci - pient
ex - pé - dient sa - pien - ce
é - mol - lient pa - tient

---

in - con - vé - nient pa - ti - en - ce

Em a souvent la prononciation *d'am*, & non le son nasal.

fem - me

---

fré - quem - ment	ré - cem - ment
ar - dem - ment	in - dem - ni - ser

---

2 *En* n'a pas toujours le son *d'an*. Il y a plusieurs mots, où ces deux lettres ont la prononciation *d'ain*, comme dans :

tien	mien	sien
chien	rien	bien
tient	lien	vient

---

chré - tien	main - tien	pa - ïen
re - viens	sou - tien	mo - yen
Tro - yen	re - tiens	sou - viens

Gra - ti - en	mo - yen - nant
en - tre - tien	Chal - dé - en
chré - tien - té	sou - vien - dra

Vé-ni-tien	ap-par-tient
ma-gi-cien	Pa-ri-sien
lo-gi-cien	pha-ri-sien
co-mé-dien	en-tre-tien
sto-ï-cien	Au-ré-lien

Dans les mots suivants *en* a le son aussi *d'enne.*

a-men	hy-men	men-tor

---

cy-cla-men	e-xa-men	ab-do-men

Il y a des mots ou la voyelle composée *eu* a la prononciation de *l'u*, tels que:

eu	eut	eus

---

eû-mes	eû-tes	eu-rent
Eu-re	eus-siez	eus-sent
eus-sions		

---

ga-geu-re

Gn a, dans quelques mots, le son de *kn*.

i-gné	a-gnus	gna-thon
Gnes-ne	a-gnat	Gni-de
gno-me	gno-mon	a-gnat
Pro-gné	sta-gnant	

---

gnos-ti-que	gno-mi-que
gno-mi-de	i-gnes-cent

---

a-gnos-ti-que	i-gni-ti-on
co-gna-ti-on	di-a-gnos-tic
a-gna-ti-on	gna-pha-li-um
ré-gni-co-le	ma-gné-ti-que

i-gni-co-le

---

i-nex-pu-gna-ble

Gui se prononce dans certains mots comme *gwi.*

Gui-se Gui-de (*peintre Italien*)

---

ai-gui-ser	ai-guil-le
ai-guil-ler	ai-guil-lon

---

am-bi-gui-té	ai-gui-se-ment
con-ti-gui-té	ai-guil-let-te

Il y a quelques mots dans lesquels la consonne *l* ne se prononce pas. Les principaux sont :

fils cul soûl

---

fu-sil sour-cil ou-til

per - sil	gen - til	four - nil
che - nil	nom - bril	ba - ril

La consonne *m* a souvent le son de *l'n* nasal, surtout à la fin des mots.

dam	faim	nom

---

bom - be	par - fum	om - bre
A - dam	pro - nom	pom - pe
com - te	im - pair	am . be

---

im - pri - meur	em - por - tez
am - bret - te	hum - ble - ment
em - me - ner	em - bar . quer
Am - broi - se	domp - tè - rent

im - par - fait

---

am phi - bo - lo - gie

Lorsqu'elle elle est redoublée elle garde presque toujours le son primitif.

im - mé - diat	im - mis - cer
im - mo - ler	com - met - tre
im - mo - ral	gram - mai - re

---

im - mo - bi - le   im - mor - tel - le

Ceci a aussi lieu lorsque la consonne *m* est suivie d'un *n*.

hym - ne   Am - non   Lem - nos

---

au - tom - nal   ca - lom - nie

---

som - nam - bu - le   im - dem - ni - se

Il y a bien des mots, dans lesquels *qu* à le son de *kw*, tels que :

quin-til ques-teur qua-drat

---

qua-ter-ne ques-ta-re
é-qua-teur qua-dru-ple
é-ques-tre

---

li-qua-ti-on qui-é-tis-me
qua-dru-pè-de qui-é-tu-de
qua-dra-tu-re é-qua-ti-on
a-qua-ti-que é-qui-an-gle
é-qui-dis-tant

Il y a quelques mots, dans lesquels la prononciation de *l's* s'écarte de la règle, qui veut que *l's*, entre deux voyelles, ait le son du z.

tour-ne-sol entre-sol re-se-mer

---

con-tre-si-gner

---

mo-no-syl-la-be

Le *c* qui suit la consonne *s*, suivie de *e* et *i*, ne change rien à la prononciation de cette lettre:

sceau scel scie

---

sci-er scel-ler scep.tre

---

sci-a-ge scep-ti-que

sci - en - ce	scis - si - on
scé - ni - que	scin - til - ler

Mais le *s*, suivi de *ca*, *co*, *cu*, se prononce *ska*, *sko*, *sku*.

sco - lie   scal - pel   scri - be

---

scor - pi - on   scan - da - le   scru - pu - le

---

sco - lo - pen - dre   sco - li - as - te
scor - so - nè - re   sco - la - ri - té

A la fin quelques mots de l'*s* se prononce :

vis   cens   as   laps

Mo-mus	Vé-nus	bi-bus
la-pis	re-laps	gra-tis

---

a-lo-ès	hi-a-tus	as-per-gès

L'*x* à la prononciation de l'*s*, dans :

Bru-xel-les	deu-xiè-me
si-xiè-me	soi-xan-te
Au-xer-re	di-xiè-me

Voyelles longues.	Voyelles brèves.
la *voie*	la *voix*
goût *âcre*	un *acre* (de terre)
être *hâlé*	je suis *allé*
le *bât* d'un âne	je *bats*

la *bête*	la *bette*-rave
les *eaux*	un *os*
une *aile*	*elle* voit
la ville de *Bâle*	une *balle* de fusil
il *baîlle*	un *bail*
cette *beauté*	il est *botté*
il *goûte*	la *goutte*
la *boue*	le *bout*
la *côte*	il *cotte*
le *faîte*	vous *faites*
la *forêt*	le *foret*
nous *fûmes*	il *fume*
le *hâle*	la *halle*
un *hôte*	une *hotte*
l'hôtel	un *autel*
le *jeûne*	il est *jeune*
un bon *maître*	*mettre* un habit
l'apprêt d'une étoffe	*après* moi
un gros *mâtin*	de grand *matin*
une *boîte*	il *boite*
le *mâle*	la *malle*
vous *êtes* fin	il *est* venu
un *bâton*	nous *battons*

la *pâte* du pain	ce chien donne la *patte*
jouer à la *paume*	une *pomme*
pêcher du poisson	c'est un *péché*
il ne *cède* pas	*cette* fille est belle
la *tête* lui tourne	cet enfant *tette*
faites votre *tâche*	une *tache* de graisse
très bien fait	un *trait* de plume.

Presque toujours on joint la consonne finale d'un mot, à la voyelle qui commence le mot suivant. En voici quelques exemples. Les tirets, placés entre les mots, indiquent cette jonction.

ce petit-enfant	ce grand-homme
un-exemple	bien-entendu
le sang-innocent	un bon-auteur
le divin-amour	boit-elle
que dit-on	entend-il

pleurer - et rire
céder - au temps
voyez - y
le sang - humain
de grandes - avances
les - heureux - effets
plus - équitable
ils - aiment - aussi
des cheveux - épars
des livres - ignorés
ses belles - actions
de faux - avis
du blanc - au noir
moins - ignorant
plût - à Dieu
assez-aimable
peut-on-aimer
un joug-affreux

un profond - abîme
sept - *h*eures
*h*uit - *h*ommes
un long - accès
un joug - insupportable
il est - à craindre
joignez - y
six - amis
des écrits - obscurs
ils - espèrent en - eux
avoir beaucoup - à faire
quant - à moi
un franc - étourdi
un accent - aigu
(*) neuf - amis
neuf - ans
réprètent-ils
mangent-elles.

(*) Lorsque le mot neuf est suivi d'une voyelle, l se prononce comme *v*.

L'usage doit décider sur les cas, où cette règle ne s'observe pas. Nous citerons quelques cas, ou la jonction de la consonne finale d'un mot, avec la voyelle qui commence le mot suivant, n'a pas lieu; ce qui arrive surtout lorsque cette jonction forme un double sens.

la faim *h*orrible
un son agréable
une passion extrême
un ton intéressant
un froid extrême
un accès affreux
un chaud ami
du pain excellent
cette maison est belle
le fond inépuisable
arrive-t-on aujourd'hui

le drap est beau
arriva-t-on *h*ier
un-ingrat ami
un chant agréable
non avènu
ce loup est pris
un-écrit anonyme.

Leçon pour apprendre à distinguer la prononciation de l'*f* d'avec celle du *v*.

Je *file*	à la *ville*.
Il est *faux*	que j'aye un *veau*.
Ils *feront* ensorte	qu'ils vous *verront*.
Ce *fou*	*vous* voit.
Faire rincer	un *verre*.
Le *feu*	ne *veut* pas brûler.
Le pain *frais*	est *vraiment* mal sain.
Un *fifre*	a dequoi *vivre*.
Ce *faon* (*pron. fan*)	court comme le *vent*.
Il *fend* ce bois	et il le *vend*.

Les *fonds*	*vont* baisser.
Le *fils* ainé	se sert d'une *vis*.
A la *fin*	nous boirons du *vin*.
Il se *défie* de ceci	et *dévie* de la bonne route.

Comparaison de quelques mots, à la fin desquels la diphtongue *oi* se prononce différemment.

è.	*oua* ou *oa*
Je *comptois* de l'argent	à *Comtois* mon laquais.
Tu *minois* ton honneur	en fréquentant ce joli *minois* de fille.
Je *payois* ma cour.	Les Rois Francs étoient élevés sur le *pavois*.
Je *tramois* cette intrigue.	Le *tramois* est du blé de Mars.
Tu *tournois* en ridicule	ce qu'on faisoit aux *tournois*.

Je *gravois* ceci sur le marbre.	Ce maçon emporte le *gravois*.
Tu *citois* toujours	le médecin *Citois*.
Qu'il *paroisse*	à la *paroisse*.
Je *parois* triste.	Ces *parois* sont épaisses.
Il *perçoit* une planche.	Il *perçoit* des impôts.
Je *gênois* fort	ce *Génois*.
Cet *Ecossois* et	ce *Danois* sont bons amis.

Sur la prononciation de l'*s* entre deux voyelles, et celui qui est redoublé, ou précédé d'une consonne.

La *base*	de cette maison *basse*.
	Jouer de la *basse*.
Il *cause* en ôtant	les *cosses* de ces fêves.
La *case* de ce nègre	étoit rempli de *casse*.
	Il *casse* un bâton.
Il me *méprise*.	Je voudrois que je me *méprisse*.

Je *vise* à ceci.	Il vouloit que je *visse*.
Braser un canon de fusil.	*Brasser* de la bière.
Ce jardinier a de belles *roses*	mais il *rosse* ses garçons.
	Ce cheval est une vraie *rosse*.
La *reprise* de cette pièce.	Il craignoit que je ne *reprisse* ceci.
Ils *croisent* leurs épées.	Ces enfants *croissent* beaucoup.
Que je suis *aise*	que cette *esse* soit restée à sa place.
Ce *désert* est affreux.	Servir le *dessert*.
C'est un *poison*	que certains *poissons*.
Je *boiserai* cette chambre	& je *poisserai* ma barque.
Un panier *d'osier*.	Les *dossiers* des chaises.

Comparaison de quelques mots dans lesquels *ent* à le son nasal *d'an*, & de quelques autres mots où *ent* ne se prononce pas :

Son de l'e muet.	*Son nasal.*
Ils *content* des histoires.	Cet homme est *content.*
Les remoras *adhèrent* aux vaisseaux.	Il est un *adhérent* de ce parti.
Ces payements *équivalent* à ceci.	Donnez-moi *l'équivalent* de ceci.
Ils *expédient* des marchandises.	Je cherche un *expédient.*
Ces gens *évident* des lames ;	mais il est *évident* qu'ils le font mal.
Mes frères *excellent*	dans cet *excellent* livre.
Les peuples *violent* souvent les traités,	et prennent un parti *violent.*

Ils *négligent* d'instruire	cet enfant si *négligent*.
Ils *parent* beaucoup	leur *parent*.
Les poules *couvent*	des œufs dans ce *couvent*.

Liste de quelques mots, dans lesquels le *t* se prononce comme *s*, tandis que dans d'autres mots il garde sa prononciation primitive:

ti comme *ti*.	*ti* comme *si*.
Nous leur *portions*	leurs *portions*.
Nous *notions* ces noms.	Avez-vous quelques *notions* de cette science?
Nous *objections* des raisons solides	à ces *objections*.
Nous *acceptions*	ces *acceptions* de sens.
Nous aurions tort si nous *attentions*	à la liberté de cet homme, qui a tant d'*attentions* pour nous.

Si nous lui *intentions* un procès, nous aurions de mauvaises *intentions*.

Mots dans lesquels l'*s* ne se prononce pas au milieu d'un mot:

une i*s*le (île)	Me*s*dames
le*s*quels	Me*s*demoiselles
de*s*quels	e*s*t
m'est	l'est

Comparaison de l'*x*, prononcé faiblement comme *gz*, avec l'*x* prononcé fortement comme *cs*.

Son fort.

se-xe	ta-xe	a-xe
vé-xer	fi-xez	tex-te
ri-xe	lu-xe	mix-te

---

con-ve-xe   flu-xi-on
ex-pli-que   ex-clu-sif

---

a-xi-ô-me   Xé-no-cra-te
A-le-xan-dre   pa-ral-a-xe
com-ple-xi-on   con-ve-xi-té

Son foible.

e-xil   e-xempt   e-xact

---

e-xa-men   e-xau-cer
e-xem-ple   e-xar-que
e-xo-de   e-xi-ger
ex-hor-ter   ex-ha-ler

---

e-xi-gi-ble   e-xor-ci-ser

Son de l mouillé.	*Son de l non mouillé.*
mil (*grain*)	mil (1000)
gril	nil
	fil
	vil

fil-le	vil-le
dril-le	ci-vil
gril-le	mil-le
pé-ril	mor-fil
pil-le	vi-ril
bil-le	scil-le

an-guil-le	A-chil-le
crous-til-le	pu-pil-le
bou-teil-le	tran-quil-le
é-tril-le	dis-til-le

co-che-nil-le	Ab-be-vil-le
ca-mo-mil-le	Lo-gis-til-le

C comparé avec *g*.

Il se *câche*.	La *gache* d'une serrure.
Y a-t-il un *cabaret*	à *Gabaret?*
Pousser des *cris*.	Un habit *gris*.
Dans cette *cour*	on voit un *gour*.
La première *classe*. d'une école.	La *glace* est épaisse.
Ce soldat donna un coup de *crosse*	à cette *grosse* femme.
Il y a de la *crotte*	dans cette *grotte*
Il a la fièvre *quarte*,	aussi a-t-il une *garde*.
La *cage* d'un oiseau.	Je *gage* que non.
Baisser d'un *cran*.	Un *grand* garçon.
Ce vaisseau qu'on voit dans cette *cale*	est chargé de noix de *galle*.
Ceci est plein de *crasse*.	Il a trouve *grâce*.
Il *crève* de dépit	sur la *grève*.
Le garçon qui est dans ce *coche*	a l'air fort *gauche*.

Comparaison de *ch* avec *g* & *j*.

Nous nous *couchons*.	Manger du *goujon*.
Un beau *genet*.	Il y a des *chenets* dans cette cheminée.
Il se *couche*.	Une *gouge* est une espèce de ciseau.
Ce *chapon*	ne vient pas du *Japon*.
La *chatte* boit	dans la *jatte*.
Je *choie* cet enfant,	car il fait ma *joie*.
Le *chant*	de ces *gens*-là est désagréable.
Cette *charretière*	vient de perdre sa *jarretière*.
Ce *char* est beau.	Une *jarre* remplie d'eau.
Chardin a vu	les *jardins* du Sophi.
Chaque homme	connoît *Jacques*.
Je *joue* souvent.	Ce vaisseau *échoue*.
Il *achète* des jouets,	et puis il les *jette*.
L'abbaye de *Chelles* est fameuse.	Il *gèle* fort.

Q comparé avec g.

Quand me rendrez-vous	mes *gants?*
Il est plus grand *qu'eux.*	Ce *gueux* mérite une punition.
Il *quitte*	son *guide.*
Charles-*quint* était un grand homme.	Ce do*guin* est fort méchant.
Donnez-moi une *équerre.*	La *guerre* est une grande calamité.
Quittons ces lieux.	Il porte un *guidon.*
Il joue aux *quilles* ,	avec *Guill*aume.
Il se contente d'un *quignon* de pain;	car il a du *guignon.*
Il dit *qu'on* a ôté	les *gonds* de cette porte.

APPLICATION DES RÈGLES PRÉCÉDENTES.

e, *è*, *é* et *e* moyen.

J'achète toujours des livres.
On les vend à l'enchère.
La religion est une fille du ciel.
Aimez la vérité, qu'elle seule vous touche.
L'honnête homme parle avec décence.
Faites mes honnêtetés à vos frères.
C'est une témérité, que de vouloir pénétrer dans ces mystères.
Irez-vous au concert?
Le cancer est un mal incurable.
On tire le fer du sein de la terre.

L'aveuglement de cet homme est grand.

Suivez aveuglément mes volontés.

---

ca, ce, ci, co, cu, ça, ço, çu.

Çà, dites-moi. si vous demeurez ici, en deçà de la rivière ?

Celui-ci & celui-là ont fait des contes.

Qu'est-ce qu'il y a dans cette caisse ?

Ceci est fait de cire et de caret.

C'est un cocher qui a tué ce cochet.

Voici bien du cancan.

Cessez de rire sous cape.

J'ai reçu une carte de ce curé.

Ce chasseur a tué trois cerfs et deux cignes.

Ceux-ci ont été à la cave.

La cour & le cabinet sont vides.

On vend du coton & du cacao dans cette cabane.

Il a fait une belle cure dans ce couvent.

---

ai comme *é*.

Je plaçai cette table & puis je la déplaçai.

J'ai dit au mois de Mai, que je viendrai chez vous.

Je sais, et il sait aussi, que je ferai mon devoir.

Je lui donnai un beau livre & je le renvoyai.

Ne sais-tu pas que j'ai tort de t'aider?

J'arrivai hier ici & je me couchai d'abord.

Puis je me relevai & je mangeai un peu.

J'écrirai à mon frère, & je lui dirai la vérité.

---

ai comme *è*.

Cette plaine plait aux yeux.

Il ne faut jamais traiter avec haîne celui qui nous aime.

Venez la semaine prochaine voir mes domaines.

Voici des sacs de laine, remplis de graine.

Il y a des laquais dans ce palais.

---

ai comme *e* muet.

Nous faisons là de belles choses.
Je faisois les honneurs de cette chose.
Il contrefaisoit l'homme bienfaisant.
Nous faisions beaucoup de cas de sa bienfaisance.
Tu faisois mal en contrefaisant ce vieillard.

---

au, eau.

Ces bateaux viennent de ce château.
Ce manteau et ce chapeau sont fort beaux.
L'autel, qu'on voit derrière ce rideau, est orné de fleurs.
Il cause sur cette clause & sur cette fraude.
On voit des veaux sur ces côteaux.
Les roseaux que l'on voit près de l'eau, sont hauts.
Il est faux que ce tableau soit si beau.

Ce marteau & ce couteau sont sur le trumeau.

Ce n'est pas ma faute qu'il saute tant.

---

ei.

Cette reine prend de la verveine.

On prend des poissons dans la Seine.

On a de la peine à les prendre avec des seines.

Il y a seize ans que je me suis fait ouvrir la veine.

Vous feignez de ne pas savoir peindre.

Il a de la peine à voir cette enseigne.

Elle est pleine de taches, et on y voit l'empreinte d'un peigne.

Il ne faut pas enfreindre les lois.

---

eu, œu.

Vos sœurs ont le cœur bien placé.

Je fais des vœux pour leur bonheur.

Il y a peu de bœufs sur cette hauteur.

J'ai donné deux louis à mon neveu.

Jetez ces cheveux dans le feu.
Ce sont eux qui ont mangé ces œufs.
Je n'ai pas peur des voleurs.
Cette demeure est meilleure que la leur.
Il creuse un puits chez ce fourbisseur.

ée, ie.

Vous lisez les contes des fées.
Je vous prie de me les prêter.
Elle s'est placée à l'entrée, qui était fermée.
Elle est toujours portée pour moi.
Elle a été punie par son amie.
Ces idées sont au dessus de ma portée.
Sa femme est disgraciée de la nature, et elle en est mortifiée.

---

ié, iée.

J'ai pitié de cet homme marié.
L'amitié que je vous ai vouée, est sincère.
J'ai vu cette dame, & je l'ai priée de venir.
Je l'ai suppliée de me rendre la moitié de cette somme.

Je la lui avois confiée, mais elle a nié ceci.

Cet homme estropié est un mendiant privilégié.

---

er, ier.

Le lierre croit le long de ces pierres.

Cet homme que vous vîtes *h*ier, est bien fier.

Cette ouvrière a été à la salpétrière.

Cependant elle est fort altière & fière.

On trouve de bonne bière dans cette chaumière.

Voici des salières, des cafetières & des cuillers (cuillères).

---

iel.

Le miel est doux & le fiel est amer.

Ces fruitières & ces laitières méprisent cette frippière.

Cet homme si superficiel parle du pluriel.

La nielle fait du tort aux arbres.

Il est essentiel que vous appreniez à faire des fleurs artificielles.

---

ieu.

Tout ce qui est sous les cieux annonce la grandeur de Dieu.

Il y a beaucoup de gens pieux dans le saint lieu.

Ces religieuses sont fort pieuses.

Dans la banlieue de cette ville il y un vieux château.

Mon ami est fort officieux, mais il est trop sérieux.

---

oi.

Je crois que ce soldat boit trop.

Les poires sont bonnes pour la soif.

Il faut agir de bonne foi.

Pourquoi lui a-t-on confié cet emploi ?

Ce moine a été fait chanoine.

Chien qui aboie, ne mord pas.

On m'a fait boire ceci, mais j'en ai encore le déboire.

Du cuir d'autrui on fait large courroie.

On vous témoigne de la joie.

Cette femme porte une coiffe d'étoffe de soie.

---

ou, oue.

Il a fait beaucoup pour moi.

Les rues de Mantoue sont pleines de boue.

Les filoux ont ouvert les verroux.

J'ai vu, auprès de ce trou, un coucou & un hibou.

Cet enfant fait la moue, quand il ne joue pas.

On radoube la poupe de cette chaloupe.

Cette fille si douce tousse fort.

---

ui.

Le produit de ces fruits est considérable.

Qu'il se conduise bien, & qu'il réduise ses besoins.

Le bruit a couru qu'il a séduit ce jeune homme.

Il a déduit le montant d'un muid.

Il faut fuir les méchants, qui ne font que nuire.

eois.

Les bourgeois & les villageois sont arrivés.
Les Albigeois ont été fort persécutés.
On connoissoit autrefois le feu Grégeois.

oient, eoient.

Ils chantoient, dansoient & se divertissoient.
Ces gens mangeoient, buvoient & s'amusoient.
Ils forçoient leurs amis à venir chez eux.
Si ces enfants se corrigeoient, ils feroient bien.
Mes amis m'engageoient toujours à agir sagement.
Ils ne négligeoient jamais leurs affaires.

ueu.

Ce gueux a été traité avec rigueur.
Ce cheval, qui a tant de vigueur, a la queue fort belle.

Son nasal.

J'entends le français & je l'apprends aussi depuis longtemps.

Rien de plus incertain que le destin.

Est-ce un pain ? Oui, c'en est un.

Une de nos tantes a payé l'amende.

C'est en vain que mon cousin a marchandé ce vin.

Nous aimons le vin d'Autun et les dragées de Verdun.

Nous prendrons les bains au mois de Juin.

Il fait imprimer un traité sur les pronoms.

Les bons enfants ne porteront jamais atteinte aux droits de leurs parents.

Ils auront soin de les respecter jusques dans les moindres choses.

Ce petit sagouin fait bien du tintouin, c'est un lutin.

Apostrophe.

Il s'en vont. Qu'en dit-on?

L'un d'eux s'y plait ; l'autre s'en plaint.
C'est parce qu'il s'y ennuie.
Je m'y plais, & je ne m'en étonne pas.
Je crois qu'elle ne parle qu'avec lui.

---

ch.

Ce cheval est fort cher. Le choisissez-vous ?
Il chemine avec son chien le long du chemin.
Il fait chaud dans cette chambre.
Je choisirai quelque chose de charmanr.
Il va planter des choux sur ce champ.

---

gr, gl, gn.

Ne plaignez pas ce petit mignon qui grogne.
Les gardes françoises ont gagné une bataille contre les Anglois.
J'ignore si ce grénetier a gagné sur ce grain.
Les loups sont fort gloutons ; ils mangent les agneaux.
Ce que Grégoire dit, est du grimoire pour moi.

---

ph.

L'emphase est ridicule dans ces phrases.

Ce philosophe a perfectionné la pompe pneumatique.

Philon parle des Pharisiens & de Pharaon.

Il a gagné un rhume sur le Rhin.

Ce prétendu rhétoricien n'est qu'un rhéteur.

Il connait mieux les rhombes que le rhytme.

ſc.

Les soldats mangent des vesces snr la contre'escarpe.

Je vois scintiller les étoiles.

Ce scélérat scandalise tout le monde.

Cette affaire scabreuse a donné lieu à des scènes.

---

th.

La menthe est apéritive, et la tithymale est hydragogue.

Cette thèse contient la théorie de l'art théatral.

---

l mouillé.

Il a fait un bail, après les semailles.

On travaille, vaille que vaille, à cette muraille.

Je lui conseille de mettre ceci au soleil.

Il est trop orgueilleux pour accueillir les gens.

La patrouille a chanté pouille à cet homme.

Consonnes finales qui ne se prononcent pas.

Il sert des œufs frais sur ces plats.

Les cerfs et les bœufs ont les pieds fourchus.

Voilà des joncs fort droits & longs.

Voyez-vous ces plombs, qui servent de poids ?

Ces gens dorment, mangent & boivent.

Ils aiment l'inaction & ne travaillent guères.

Ce clerc dit qu'il a mal a l'estomac.

Servez-vous d'un cric pour soulever ce tronc.

---

ois, *oit*, comme *è*.

Si je doutois de ceci, je serois mal*h*eureux.

Mon ami changeoit souvent d'habits, et mettoit du linge blanc.

Tu me soupçonnois d'infidélité & tu me faisois tort.

Il aimoit le lait; mais quand il se figeoit, il ne le mangeoit pas.

Ce juge vaquoit à ses affaires, & jugeoit impartialement.

Il ne briguoit rien, & ne se liguoit jamais avec d'autres contre l'innocent.

---

er, *ayez*, *oyez*, &c.

Il veut toujours chanter, danser & s'amuser.

Voulez-vous dîner ou souper chez moi?

Sait-il orthographier, calculer & conjuguer?

Il veut payer son loyer, mais il ne le payera pas.

Ne croyez pas que, quoique vous soyez sage, vous ayez toujours raison.

Je ne crois pas que vous vous fiiez à cet homme, et que vous priiez pour lui.

Nous croyons que les rayons du soleil produisent bien des effets.

Tréma.

Ce poëte a beaucoup de naïveté.

Il a fait sur Saül un poëme en ïambes.

C'est une douleur fort aiguë.

Il écrit une lettre ambiguë.

La ciguë est une plante vénéneuse.

Aimez-vous le vin d'Aï?

Cette portion est trop exiguë.

Creüse était née dans l'Achaïe; elle fut haïe de Médée.

---

h muet.

L'humanité et l'honneur imposent plusieurs devoirs à l'homme.

Ce savant est honnête & surtout fort humble.

A la fin de l'hyver, l'herbe commence à croître.

J'aime beaucoup l'hydromel & l'hypocras.

s comme *z*.

La base de ce vase n'est pas solide.
Que je suis aise qu'il se taise.
Mon médecin s'oppose à ce que je mange de l'alose.
Il pèse tout ce que contient cette thèse.

Consonnes finales qui se prononcent.

Il est tout fier d'avoir été sur mer.
Je vis *h*ier que tout est fort cher.
Il parle avec pathos du mont Atlas.
Monsieur Damis fait du gaz oxigène.
Il ne dit que des rébus & des raisons de bibus.
Castor & Pollux passèrent le Styx.
Il se sert d'un tournevis pour ôter cette vis.
Avez-vous vu jouer le Cid?
J'ai passé par Gap, pour aller à Alep.

ois, *oit*, *oient* comme *oua* ou *oa* à la fin des mots.

Je mange des anchois deux fois par mois.
Cet homme si sournois est un fin matois.
Ce grivois se glisse en tapinois chez ce bourgeois.
Il y a un antoit dans cet endroit.
Le putois est fort adroit à grimper sur les toits.
Ces bâtiments louvoient, et côtoient ce pays.
Ces officiers tutoient leurs soldats, & les rudoient,

---

t comme *s*.

L'attention de ces écoliers les a garantis de punitions.
Son ineptie & son obstination sont grandes.
Sa partialité pour les factieux ne l'est pas moins.
Il s'amuse à des minuties, & croit aux prophéties.

Ange-Politien fut admiré des Vénitiens.

Ils balbutient des excuses de ce qu'ils initient cet homme à leurs mystères.

---

ch comme *k*.

Cet anachorète étudie la conchyliologie.

Il rassemble des conchytes, et s'applique aussi à la chyromancie.

L'archiépiscopat de Chelm est vacant.

Constantin Chlore protégeoit le christianisme.

---

ient comme *an*.

Ces clients ont trouvé un expédient pour vaincre ces inconvénients.

Il y a beaucoup d'ingrédients dans ces récipients.

Ce nombre cœfficient est le quotient de celui-ci.

Les peuples de l'orient sont fort impatients.

---

em comme *amme.*

Il a fait ceci sciemment et tout récemment.

Il paroît évidemment qu'il a parlé prudemment.

Cette femmelette a demandé des indemnités.

Cet académicien est bon grammairien.

---

en comme *ain.*

Ce n'est pas Hérodien qui a fait l'histoire de Domitien et de Dioclétien.

Cet homme maintient sa réputation & se soutient fort bien.

Il ne disconvient pas que l'entretien de sa famille lui tient au cœur.

Il prévient mes désirs, & obtient par-là bien des choses

Il possède éminemment cette science, & il en parle savamment.

---

em comme *emme*.

On trouve du sel gemme aux environs de Jérusalem.

Le régime des décemvirs ne fut qu'éphémère.

Savez-vous ce que c'est qu'un dilemme?

---

en comme *enne*.

L'hymen de Télémaque et d'Antiope fut approuvé par Mentor.

L'ennemi de cet homme a subi un examen.

Le solen est une espèce de coquillage.

Le mot amen signi fie ainsi soit-il.

---

eu comme *u*.

Quoique j'eusse de l'argent, je ne fis point de gageure.

Vous eûtes tort de ne pas croire qu'ils eussent fait cela.

---

gn comme *cn*.

Les ignicoles adorent le feu.

Il s'élève beaucoup de vapeurs ignées des eaux stagnantes.

Les Suisses étoient réputés régnicoles en France.

Le travail aiguise l'esprit.

Je n'aime pas qu'on parle avec ambiguité.

---

l qui ne se prononce pas.

Ces chasseurs ont mis leurs chiens & leurs fusils dans ce chenil.

Ce médecin a tâté le pouls à ces gentilshommes.

---

m comme *n* nasal.

Le comte de... est au comble de la joie.

Cependant tout lui fait ombrage, & son bonheur est imparfait.

Il a pour de son ombre ; aussi est-il toujours d'une *h*umeur fort sombre.

L'ambre est un parfum fort connu.

---

m redoublé.

Il y a des hommes fort immoraux, qui possèdent des fortunes immenses.

On a cru long-temps que la terre étoit immobile.

---

mn.

On se sert de remèdes somnifères contre les fièvres automnales.

Le somnambulisme est une maladie bien singulière.

Il a été accusé calomnieusement d'avoir méprisé l'amnistie.

---

qu comme *kw*.

Les plus grands quadrupèdes vivent sous l'équateur.
La questure à Rome était exercée par des personnes tirées de l'ordre équestre.
Les plantes aquatiles sont fort nombreuses.
Le feu liquéfie les métaux, & on les purifie au moyen de la liquéfaction.

---

s qui se prononce fortement.

Il a emporté un havresac & un parasol.
Ce cavalier a resauté sur son cheval.
Il prend tout à contre-sens & dispute sur la préséance.

x comme *s*.

Avez-vous été à Auxonne? J'y fus, il y a six ans.

L'église de St. Germain l'Auxerrois est fort ancienne.

Sons brefs & sons longs.

Il a été trois ans à Troyes.

Il fait bien sale dans cette salle.

Tout le monde sait ce que c'est qu'une toue.

Il a volé, & il en a été puni par une volée de coups.

Ces gens mirent de la myrrhe dans ce verre.

Les éphores firent des efforts pour maintenir les lois.

Ces saules croissent sur un sol marécageux.

Je ne vous cèle pas qu'il scelle cet ordre.

Je vous décrirois ce môle, si ma plume n'étoit pas trop mole.

La cloche sonnoit, pendant que nous lisions ce sonnet.

Il se baisse et baise cet enfant.

Voici des melons confits; mêlons-y un peu de ſucre.

Sur les voyelles qui forment ou qui ne forment pas des diphtongues.

Son d'une syllabe.	Son de deux syllabes.
le diable	il oubli-a
un fiacre	elle étudi-a
le liard	vi-ager
le bréviaire	un bi-ais
un galimathias	ce ni-ais
la familiarité	li-ant
le ciel	vous senti-ez
la pièce	vous voudri-ez
le papier	vous oubli-ez
le premier	se mari-er
un entier	il a li-é

la moitié
la pitié
le fief
le miel
ministériel
le bien
un rien
un courtier
le fruitier
les cieux
un épieu
le lieutenant
nous disions
vous faisions
un pion
un fouet
fouetter
un oui
la viande
le diantre
nous chantions
nous respections
nous regrettions

ne pas étudi-er
se confi-er
bri-ef
matéri-el
substanti-el
un comédi-en
le gardi-en
s'humili-er
le pri-er
un curi-eux
un envi-eux
ce furi-eux
un vi-olon
le di-ocèse
nous pri-ons
se jou-er
le lou-er
j'ai ou-ï
en étudi-ant
en ri-ant
un li-on
la religi-on
l'uni-on.

F I N.

à l'Imprimerie de A. BREEMAN et Comp.,
Hoogstraat, N°. 10.

www.ingramcontent.com/pod-product-compliance
Ingram Content Group UK Ltd.
Pitfield, Milton Keynes, MK11 3LW, UK
UKHW020240220726
13923UKWH00002B/756

9 782019 281434